Bibliografische Information der Deutschen Nationalbibliothek:

Die Deutsche Bibliothek verzeichnet diese Publikation in der Deutschen National-bibliografie; detaillierte bibliografische Daten sind im Internet über http://dnb.d-nb.de/ abrufbar.

Dieses Werk sowie alle darin enthaltenen einzelnen Beiträge und Abbildungen sind urheberrechtlich geschützt. Jede Verwertung, die nicht ausdrücklich vom Urheberrechtsschutz zugelassen ist, bedarf der vorherigen Zustimmung des Verlages. Das gilt insbesondere für Vervielfältigungen, Bearbeitungen, Übersetzungen, Mikroverfilmungen, Auswertungen durch Datenbanken und für die Einspeicherung und Verarbeitung in elektronische Systeme. Alle Rechte, auch die des auszugsweisen Nachdrucks, der fotomechanischen Wiedergabe (einschließlich Mikrokopie) sowie der Auswertung durch Datenbanken oder ähnliche Einrichtungen, vorbehalten.

Impressum:

Copyright © 2009 GRIN Verlag, Open Publishing GmbH
Druck und Bindung: Books on Demand GmbH, Norderstedt Germany
ISBN: 9783640530946

Dieses Buch bei GRIN:

http://www.grin.com/de/e-book/143441/tatu-vanhanens-index-of-democratization-als-beispiel-einer-demokratiemessung

Ulrike Döbel

Tatu Vanhanens 'Index of Democratization' als Beispiel einer Demokratiemessung

GRIN Verlag

GRIN - Your knowledge has value

Der GRIN Verlag publiziert seit 1998 wissenschaftliche Arbeiten von Studenten, Hochschullehrern und anderen Akademikern als eBook und gedrucktes Buch. Die Verlagswebsite www.grin.com ist die ideale Plattform zur Veröffentlichung von Hausarbeiten, Abschlussarbeiten, wissenschaftlichen Aufsätzen, Dissertationen und Fachbüchern.

Besuchen Sie uns im Internet:

http://www.grin.com/

http://www.facebook.com/grincom

http://www.twitter.com/grin_com

Philipps-Universität Marburg

Institut für Politikwissenschaft

Tutorium zur Einführung in das Studium der Politikwissenschaft (Schwerpunkt:
Analyse und Vergleich politischer Systeme)

Wintersemester 08/09

Datum: 20.02.2009

Tatu Vanhanens Index of Democratization
als Beispiel einer Demokratiemessung

Verfasserin: Ulrike Döbel

Studiengang: LA Politik /Wirtschaft und Geschichte

Semester: 1

Inhaltsverzeichnis

1) Demokratiemessung – Eine Einführung

Die Demokratiemessung ist eine relativ neue Methode in der Politikwissenschaft (vgl. Lauth 2004: 237), die etwa seit den 50er Jahren betrieben wurde. Vorreiter waren hierbei Lipset (1959) und vor allem Robert Dahl, der 1971 mit seinem Buch „Polyarchy" einen „bahnbrechend[en]" (ebd.) Grundstein gelegt hat, auf denen viele Forscher aufbauen.

Es entwickelten sich verschiedene Forschungsmethoden, sowohl qualitativer als auch quantitativer Art, von denen die meisten in den 80er und 90er Jahren entstanden (ebd.).

Wichtige Demokratiemessungen betrieben neben Dahl vor allem auch Jaggers und Gurr mit den Polity-Messungen oder auch Freedom House (v.a. Gastil), die politische und bürgerliche Freiheiten – und somit indirekt die Demokratie (vgl. Vanhanen 2000: 252) – messen. Diese beiden Messungen stützen sich auf qualitative Daten und unterliegen somit auch der Kritik der Subjektivität.

Es gibt aber, wie schon erwähnt, auch quantitative Messreihen, von denen eine der wichtigsten in dieser Arbeit vorgestellt wird. Dabei wird sowohl auf die Messgrundlage eingegangen als auch auf das Messverfahren. Zum Schluss sollen noch die Stärken und Schwächen dieser Demokratiemessung bestimmt werden.

2) Vanhanens Grundlage zur Berechnung des Index of Democratization

Einer dieser quantitativen Messungen ist die Bestimmung des Index of Demo-
cratization, der vom finnischen Demokratieforscher Tatu Vanhanen entwickelt wurde.
Dieser misst den Demokratisierungsgrad von 187 Staaten von 1810 bzw. dem Jahr der
Unabhängigkeit bis 1998 (vgl. Vanhanen 2000: 251). Die Datensätze werden immer
weiter geführt, wobei alle Staaten ab 50.000 Einwohner (ebd.: 256) bewertet werden.
Der aktuelle Datensatz reicht mittlerweile bis ins Jahr 2006 (vgl. Datensatz Index of
Democratization 1978-2006).

Von 1968 bis in die siebziger Jahre richtete Vanhanen sein Augenmerk noch auf die
Machtverteilung (distribution of power resources) (vgl. Vanhanen 200: 252f), wobei er
auch hier einen Index (Index of Power Resources und später Index of Power
Resources and Structural Imbalance) erstellte, der „die Verteilung der politischen und
wirtschaftlichen Macht auf verschiedene Gruppen der Gesellschaft" (Merkel et al. 2006:
333) gemessen hat. Je breiter die Macht verteilt ist, desto höher ist der Grad der
Demokratisierung (ebd.). Berechnet wurde dieser Index mit Hilfe von mehreren
Indikatoren, beispielsweise dem Anteil der Studierenden, der lese- und schreibfähigen
Bevölkerung oder dem Anteil von im Familienbesitz stehenden Landwirtschafts-
betrieben (vgl. Schmidt 2008: 415f).

Ab 1984 änderte sich Vanhanen Fokus, der nun in größerem Maße auf der
Demokratisierung und nicht mehr der Machtverteilung lag. Hierbei greift er auf zwei
Schlüsseldimensionen von Dahls Polyarchykonzept (vgl. Dahl 2000: 85) zurück und
zwar auf die Partizipation (participation) und den Wettbewerb (competition), anhand
derer er den Index of Democratization berechnet (vgl. Vanhanen 2000: 253).
Durch diesen soll es möglich sein, zwischen demokratischen und autokratischen
Systemen unterscheiden zu können. Der Index ist allerdings nicht dafür geeignet, wie
Vanhanen selbst herausstellt, nochmals innerhalb demokratischer oder autokratischer
Staaten zu differenzieren (ebd.: 258).

Das Messen der Demokratie setzt natürlich auch voraus, dass der Forscher sich auf
eine bestimmte Demokratie-Definition festlegt, auf deren Grundlage seine
Messüberlegungen aufbauen. Nach Vanhanen ist eine Demokratie „ a political system
in which ideologically and socially different groups are legally entitled to compete for
political power, and in which institutional power-holders are elected by the people and
are responsible to the people" (ebd.: 252).

In seiner Definition finden sich die zwei gemessenen Dimensionen Partizipation
(„power-holders are elected") und Wettbewerb („different groups [...] compete for
political power") wieder, die im Folgenden näher betrachtet werden.

3) Berechnung des Indexes

Vanhanen verwendet für seine Demokratiemessung ein recht „spartanisches Modell" (Pickel /Pickel 2006: 194): Die zwei Variablen Partizipation und Wettbewerb werden jeweils mit nur einem Indikator gemessen und dann miteinander multipliziert, was die Messung leicht nachvollziehbar und wiederholbar macht.

3.1) Dimensionen der Demokratie und ihre Messung

Die Wettbewerbsvariable wird berechnet, indem man den Stimmenanteil der Partei, die bei Wahlen die meisten Stimmen bekommen hat, von 100 abzieht. Kann man keine Daten dazu erhalten, wird die Sitzverteilung im Parlament zugrunde genommen: Dementsprechend zieht man dann den Anteil der Sitze der größten Fraktion von 100 ab (vgl. Vanhanen 2000: 253). Im Falle von Präsidentschaftswahlen ist die „größte Partei" die Partei des Kandidaten, der die Wahl gewinnt. Ob nun parlamentarische oder präsidentielle Wahlen für die Bestimmung des Wertes herangezogen werden sollen, hängt von der Wichtigkeit der jeweiligen Institution ab: Ist die Legislative dominant, zieht man die Parlamentswahl zu Grunde, dementsprechend bei dominanter Exekutive die Regierungs- bzw. Präsidentschaftswahl. Konkurrieren beide Institutionen miteinander wie in semipräsidentiellen Systemen, kann man beide Wahlen zu Rate ziehen, welche dann – je nach Machtverhältnis – gewichtet werden (50%:50%, 25%:75% oder 75%:25%) (vgl. Pickel /Pickel 2006: 194f).

Bei der Berechnung der Wettbewerbsvariable ist allerdings darauf zu achten, dass bei Parteien, die sich langfristig Allianzen anschließen, nicht die Stimme dieser Einzelparteien sondern die der Bündnisse zählen. Ebenso muss beachtet werden, dass, wenn es keine Parteien gibt und nur Einzelpersonen antreten, der Anteil der „größten Partei" als 30% festgelegt wird. Gibt es indirekte Wahlen wie die Präsidentschaftswahl in den USA, dann zählt nur die letzte Wahl; in den USA wäre dies die Wahl des Präsidenten durch die Wahlmänner/-frauen. Gibt es keine allgemeinen Wahlen und/oder konzentriert sich die Macht bei einer kleinen Gruppe wie in Militärregimen, liegt der Anteil der „größten Partei" bei 100% und damit der Wettbewerbswert natürlich bei 0 (vgl. Vanhanen 2000: 254).

Vanhanens Begründung für diese Berechnung des Wettbewerbswertes ist, „that the relative strength of political parties provides the most realistic indicator of the distribution of political power in modern states" (ebd: 253).

Die Partizipationsvariable wird gemessen, indem man den prozentualen Anteil der tatsächlichen Wähler an der *Gesamt*bevölkerung ausrechnet. In diesem Fall werden nicht – wie man vermuten könnte – nur die Wahlberechtigten als Grundlage genommen, da es laut Vanhanen einfacher sei, Daten über die gesamte Bevölkerung zu bekommen (Vanhanen 2000: 253).

Durch diese Variable wird also festgestellt, inwieweit die Bevölkerung ihre Partizipationsrechte wahrnimmt oder wahrnehmen kann und sich so am politischen Prozess durch Wahlen beteiligt.

Für die Jahre 1999 und 2000 ließ Vanhanen auch Referenden in die Berechnung des Partizipationswertes mit einfließen, was er damit begründet, dass „referendums increase the degree of democracy, because they give voters the possibility to decide some issues directly" (Vanhanen 2002: 1). Dabei erhöht sich der Partizipationswert bei Volksabstimmungen auf nationaler Ebene um 5 Punkte und auf Länderebene (Bundesländer, States usw.) um 1 Punkt in dem Jahr, in dem das jeweilige Referendum stattfand. Allerdings wird auch festgelegt, dass sich die Referenden nicht mit mehr als 30 Punkten auf den Partizipationswert auswirken dürfen und dass solch ein kombinierter Wert insgesamt nicht höher als 70% sein darf (ebd.).

Die Messergebnisse der Wettbewerbs- und der Partizipationsvariable kann man nun jeweils einzeln betrachten, wobei jedoch eine Verrechnung beider ein realistischeres Bild abgibt (vgl. Vanhanen 2000: 255).

3.2) Berechnung des Index of Democratization

Theoretisch wären verschiedene Kombinationsmöglichkeiten und Gewichtungen bei der Berechnung des Indexes denkbar. Vanhanen gewichtet die Werte 50:50, da „beide gleichermaßen für eine funktionierende Demokratie unerlässlich sind" (Pickel /Pickel 2006: 195).

Dies ist auch der Grund, warum Vanhanen eine Addierung der Werte ablehnt. Denn dann wäre es möglich, dass ein niedriger Wert durch den anderen kompensiert werden und (so gut wie) kein Land den Wert 0 bekommen könne[1] (vgl. Vanhanen 2000: 256).

Daraus ergibt sich nun folgende Berechnung: Der Index of Democratization ist das Produkt aus Partizipations- und Wettbewerbswert geteilt durch 100, wobei die höchsten realistisch erreichbaren Werte dabei zwischen 40 und 50 liegen (vgl. Lauth 2004: 245).

---

[1] Ein Beispiel wären Volkskammerwahlen in der DDR, bei denen die Partizipationsrate aufgrund gesellschaftlichen Drucks immer ziemlich hoch war, die Wettbewerbsrate allerdings recht niedrig, da die Einheitsliste regelmäßig 99% oder mehr erreicht hat (vgl. Datensatz Index of Democratization 1978-2006). Bei diesem Beispiel könnte eine Kompensierung der Variablen die DDR zu einem demokratischen Staat machen, was er ja definitiv nicht gewesen ist.

3.3) Grenzwerte

Ein hoher Indexwert kennzeichnet Demokratien: Idealfall wäre also ein einflussreiche Opposition (hoher Wettbewerbswert) und eine hohe Wahlbeteiligung (hoher Partizipationswert). Ein sehr niedriger Indexwert kennzeichnet dementsprechend Nicht-Demokratien.

Es gibt keinen „'natürliche[n]' Schwellenwert" (Pickel /Pickel 2006: 195) zwischen beiden Formen, deshalb muss solch einer vom Forscher festgelegt werden. Bei aller Objektivität der Daten, die Vanhanen für die Messungen der Variablen verwendet, ist die Festlegung hier also von der subjektiven Ansicht des Forschers abhängig. Vanhanen setzt sowohl für die beiden Variablen als auch für den gesamten Index Grenzwerte, die alle erreicht werden müssen, damit ein Land als Demokratie bezeichnet werden kann (Vanhanen 2000: 257).

Der Schwellenwert für die Wettbewerbsvariable liegt bei 30%, was Vanhanen damit begründet, dass eine Partei, die regelmäßig über 70% der Stimmen bekommt, stark dominiert und die Opposition zu schwach ist, um ihre Kontrollfunktion wirksam zu erfüllen. Außerdem sei denkbar, dass es für die anderen Parteien undemokratische Hürden gebe (ebd.). Ein weiteres Problem sei in einem solchen Fall auch, dass die Regierungspartei eine Mehrheit zur Verfassungsänderung habe (vgl. Pickel /Pickel 2006: 195).

Der Schwellenwert für die Partizipationsvariable liegt bei 10%. Dieser ist relativ niedrig angesetzt, da die Wahlbeteiligung anhand der gesamten Bevölkerung gemessen wird. Zwischen 1990 und 1998 setzte Vanhanen als Grenzwert 15% an, was er jedoch wieder verworfen hat, „because it has historically been difficult for many countries to reach the 10% level of electoral participation" (Vanhanen 2000: 257).

Wie oben schon erwähnt, muss ein demokratisches Land *beide* Grenzwerte überschreiten, ebenso den Grenzwert des Index of Democratization, den Vanhanen bei 5,0 ansetzt. Auffällig ist, dass dies nicht das Produkt der Grenzwerte der Variablen ist (3,0), sondern noch höher angesetzt ist.

Mehrere Länder liegen knapp über oder unter dieser Schwelle, daher wurde zwischenzeitlich über eine Kategorie „semi-democracies" nachgedacht, bei der der Grenzwert für Wettbewerb zwischen 20% und 30% und der des Partizipationsgrades zwischen 10% und 15% lag und alle Staaten, die niedrigere Werte erreichten, als Nicht-Demokratien galten (vgl. Pickel /Pickel 2006: 196). Diese Kategorie wurde allerdings von Vanhanen wegen der methodischen Unübersichtlichkeit verworfen (vgl. Lauth 2004: 246).

3.4) Beispielhafte Messergebnisse

Ein Beispiel für ein solches „Schwellenland" wäre Pakistan im Jahr 2006. Das Land überschreitet mit einem Index of Democratization von 5,7 nur knapp den Mindestwert für Demokratien. Auch nach dem Partizipationswert von 28 liegt es über den Mindestwert von 10, allerdings erreicht der Wettbewerbswert nur 20,8% und liegt unter den geforderten 30 % (vgl. Datensatz Index of Democratization 1978-2006). Pakistan würde also für dieses Jahr in die Kategorie der semi-democracies passen.

Deutschland hingegen ist eine Demokratie mit hohen Wettbewerbs- (64,8) und Partizipationswerten (57,1), der Index of Democratization beträgt nach der Bundestagswahl 2005 37 Punkte. Nach der vorherigen Bundestagswahl 2002 betrug dieser noch 35,7 Punkte (vgl. Datensatz Index of Democratization 1978-2006), obwohl man nicht eindeutig behaupten kann, dass Deutschland „demokratischer" geworden ist. Es ist also problematisch, innerhalb von Demokratien zu differenzieren, welches Land „am demokratischsten" ist. Ein weiterer deutlicher Beleg dafür ist die Tatsache, dass die USA im Jahr 1989 nur einen Indexwert von 25,5 erreichten, Russland jedoch zum Beispiel 1993 einen vergleichbaren Wert von 27 (vgl. Datensatz Index of Democratization 1978-2006), „trotz Behinderung der Oppositionsparteien, unklarer Machtverhältnisse, Beschneidung der Rechte des Parlaments und instabiler Parteiensysteme" (Pickel /Pickel 2006: 198).

Vanhanens Demokratieindex birgt also mehrere Probleme aber auch einige Stärken in sich.

4) Stärken und Schwächen der Messung

Der große Vorteil von Vanhanens Demokratieindex ist zum einem seine Einfachheit: Seiner Messung werden nur zwei Variablen zugrunde gelegt, die jeweils durch nur einen Indikator bestimmt werden, die auf quantitativen Daten basieren (vgl. Vanhanen 2000: 256). Dadurch wird die Demokratiebestimmung einfach nachvollziehbar und wiederholbar gemacht (vgl. Pickel /Pickel 2006: 197).

Im Gegensatz zu anderen Messansätzen – wie beispielsweise den Studien von Freedom House – benutzt Vanhanen nur objektive Daten, die zudem noch leicht zu beschaffen sind, beispielsweise über nationale Homepages.

Positiv herauszuheben ist außerdem, dass der Index of Democratization flexibel gestaltbar ist: Legt ein Forscher zum Beispiel mehr Wert auf den Wettbewerb als auf die Partizipation, kann er die Werte dementsprechend anders gewichten; findet er

8

Vanhanens Schwellenwerte nicht exakt, kann er sie nach seinen Einschätzungen anders legen (vgl. Vanhanen 2000: 257, 262).

Allerdings gibt es auch viele Kritikpunkte, sowohl an den einzelnen Variablen und deren Berechnung, als auch an Vanhanens Messansatz insgesamt.

Da die Wettbewerbsvariable ein System bevorzugt, indem die Opposition relativ stark ist, werden Wahlen nach dem Verhältniswahlrecht bevorzugt. Die Frage ist hierbei allerdings, ob es ein Unterschied im Ausmaß der Demokratie zwischen Systemen mit Mehrheitswahlsystem, wie beispielsweise in den alten Demokratien der USA und Großbritanniens, und Systemen mit Proporzwahlsystem, bei dem es eher zu Parteizersplitterung und unklaren Mehrheiten kommen kann, gibt. Vanhanen will dieses Dilemma lösen, indem er den Wettbewerbswert auf höchstens 70% beschränkt (vgl. Vanhanen 2000: 255). Dies entschärft das Problem allerdings nur ein wenig, da der Wettbewerbswert nichts über die Anzahl der Parteien und ihre Stimmengewichtung untereinander aussagt.

Auch die Bestimmung des Partizipationswertes allein durch den Anteil der tatsächlichen Wähler ist höchst problematisch. Zum einem wird eine politische Beteiligung außerhalb von Wahlen, beispielsweise durch Demonstrationen, Gewerkschaftsmitarbeit oder ähnliches, überhaupt nicht erfasst, zum anderen wird nur der Umfang aber nicht die Attribute der Wahl gemessen (vgl. Lauth 2004: 248). Die Frage, ob die Wahlen frei, gleich und geheim durchgeführt werden, bleibt unbeantwortet – würde wohl auch Vanhanens Anspruch, einen einfachen Index zu erstellen, der auf objektiven quantitativen Daten beruht, widersprechen. Das Ergebnis wird auch dadurch verzerrt, dass in machen Ländern, wie zum Beispiel Belgien (vgl. Pickel /Pickel 2006: 197), Wahlpflicht herrscht, was den Partizipationsgrad künstlich in die Höhe treibt.

Ebenso ist dies der Fall in Ländern, bei denen zum ersten Mal gewählt wird. Findet man aber bei einigen Ländern einen niedrig Partizipationswert, wird auch nicht unterschieden, ob die Menschen vom Wählen abgehalten wurden oder ob diese „freiwillig" nicht zur Wahl gegangen sind (vgl. Lauth 2004: 247).

Hervorzuheben ist ebenfalls, dass die Berechnung des Partizipationswertes Länder benachteiligt, in denen es viele junge Menschen gibt, die ja noch nicht wählen dürfen. Eine „überaltete" Bevölkerung wie in Industriestaaten wie Deutschland würde demzufolge höhere Demokratiewerte erzielen im Vergleich zu einer „jungen" Bevölkerung wie sie beispielsweise in vielen afrikanischen Staaten anzutreffen ist (vgl. Pickel /Pickel 2006: 197f). Diese Verzerrung wird von Vanhanen zwar selbst erkannt und kritisiert, indem er sagt, dass diese Verzerrung in Extremfällen 10%-15% des

Partizipationswertes ausmachen kann, was die Validität der Variable schwächt (vgl. Vanhanen 2000: 255). Allerdings bietet er auch keine Lösung für dieses Problem an. Nicht nur die beiden Variablen können kritisch beäugt werden, sondern auch das allgemeine Konzept Vanhanens.

Der Vorteil des Indexes, die Einfachheit und Knappheit, ist zugleich sein Nachteil: Die Bestimmung der Demokratie durch nur zwei Variablen mit je nur einem Indikator scheint für solch ein komplexes Konstrukt wie die Demokratie zu kurz zu kommen. Vanhanen selbst lässt beispielsweise nicht die horizontale Kontrolle im Rahmen der Gewaltenteilung mit in seine Berechnung einfließen, obwohl er diesen in seiner Demokratiedefinition (siehe oben) mit einbezogen hat (vgl. Lauth 2004: 248). Durch die Knappheit ist der Index auch relativ anfällig für politische Stimmungsschwankungen (vgl. Pickel /Pickel 2006: 199).

Weiterhin gilt Vanhanens Argument der Objektivität des Indexes nicht uneingeschränkt, da beispielsweise die Schwellenwerte oder die Gewichtung der Variablen vom Forscher festgelegt werden müssen und so einer gewissen Willkür unterliegen (ebd.), ebenso die Entscheidung, ob man Parlaments-, Präsidentschaftswahlen oder beide zu Rate zieht (vgl. Lauth 2004: 245).

Auch die Effizienz der Regierung wird vernachlässigt. Es wird des weiteren mit Recht darauf hingewiesen, dass es irritierend sei, dass ein Land wie Italien, welches „in 50 Jahren Demokratie etwa eine Regierung pro Jahr verschlissen hat" (Pickel /Pickel 2006: 198), also offensichtlich sehr instabile Regierungen hervorbringt, zwischen 1980 und 1988 die Spitzenposition des Demokratieindexes eingenommen hat.

Auch ist es, wie oben schon gezeigt wurde, nicht möglich, zwischen Demokratien zu differenzieren. Ebenso lässt der Index es nicht zu, zwischen autokratischen und totalitären Regimen zu unterscheiden. Dabei kann man sich die Frage stellen, ob Zwangswahlen mit Einheitsliste demokratischer sind, als wenn es keine Wahlen geben würde (und damit der Index of Democratization 0 erreicht), beispielsweise in einer Monarchie oder Militärregimen (vgl. Lauth 2004: 248).

Der größte Kritikpunkt ist aber, dass Vanhanen die Rechtstaatlichkeit, die auch Dahl aufgreift (ebd.: 247) nicht in die Demokratiemessung einbezieht. Vanhanen setzt dem entgegen, dass diese Dimension indirekt über den Partizipationswert ausgedrückt wird, denn „there are hardly any countries in which legal competition for power through elections takes place without the existence of civil and political liberties" (Vanhanen 2000: 256), weswegen andere Forscher diesem Kritikpunkt nur teilweise zustimmen; Lauth klassifiziert den Wettbewerbsindikator beispielsweise im Sinne des finnischen Forschers als „Breitbandindikator" (Lauth 2004: 247). Vanhanen verweist außerdem auf die Korrelation seines Indexes mit den Freedom House Studien, die bürgerliche und politische Rechte messen (vgl. Vanhanen 2000: 256).

5) Zusammenfassung und Fazit

Vanhanens Demokratiemessung ist durch seine Beschränkung auf nur zwei quantitativ bestimmbaren Indikatoren leicht nachvollziehbar und überprüfbar. Dieser Vorteil geht allerdings zu Lasten der Aussagekraft des Indexes, da viele Faktoren, die in den Komplex Demokratie mit hineinspielen, ausgelassen werden.

Der Index erlaubt einzig und allein eine Unterscheidung zwischen Demokratien und Autokratien, wobei selbst das problematisch ist, was beim Vergleich mit anderen Messergebnissen, die teilweise zu unterschiedlichen Ergebnissen kommen (vgl. Vanhanen 2000: 259 ff.), erkenntlich wird.

Trotzdem ist der die Handhabung des Index „benutzerfreundlich" und transparent, sodass jeder die Rechnung flexibel anwenden und eine erste Einordnung der Systeme vornehmen kann.

Um ein Land genauer zu bestimmen, sollte jedoch lieber auch auf andere Demokratiemessungen zurückgegriffen werden. Gegebenenfalls wäre dann eine Kombination verschiedener Indices vorteilhaft, um ein realistischeres Bild zu bekommen.

6) Literaturverzeichnis

Literatur

DAHL, Robert (2000): On Democracy. New Haven: Yale University Press.

LAUTH, Hans-Joachim (2004): Demokratie und Demokratiemessung: Eine konzeptionelle Grundlegung für den interkulturellen Vergleich. Wiesbaden: VS Verlag für Sozialwissenschaften.

MERKEL, Wolfgang /PUHLE, Hans-Jürgen /CROISSANT, Aurel /THIERY, Peter (2006): Defekte Demokratie. Band 2: Regionalanalysen. Wiesbaden: VS Verlag für Sozialwissenschaften.

PICKEL, S. /PICKEL, G. (2006): Politische Kultur- und Demokratieforschung. Grundbegriffe, Theorien, Methoden. Eine Einführung. Wiesbaden: VS Verlag für Sozialwissenschaften.

SCHMIDT, Manfred G. (2008): Demokratietheorien. Eine Einführung. 4.,überarbeitete und erweiterte Auflage. Wiesbaden: VS Verlag für Sozialwissenschaften.

VANHANEN, Tatu (2000): A New Dataset for Measuring Democracy, 1810-1998. In: Journal of Peace Research. Vol. 37, No. 2, S. 251-265.

VANHANEN, Tatu (2002): Polyarchy dataset. Measures of democratization 1999-2000. URL: <http://www.prio.no/sptrans/1141086495/file42500_democracy_1999-2000.pdf>, (Stand: 19.02.09)

Datensätze

Datensatz Index of Democratization 1978-2006. URL: <http://www.fsd.uta.fi/english/data/catalogue/FSD1289/daF1289e.xls>, (Stand: 19.02.09)

BEI GRIN MACHT SICH IHR
WISSEN BEZAHLT

- Wir veröffentlichen Ihre Hausarbeit,
  Bachelor- und Masterarbeit

- Ihr eigenes eBook und Buch -
  weltweit in allen wichtigen Shops

- Verdienen Sie an jedem Verkauf

Jetzt bei www.GRIN.com hochladen
und kostenlos publizieren